Richtig Bewerben leicht gemacht

Die professionelle Bewerbung als Schlüssel zum Erfolg

Deckblatt – Anschreiben – Motivationsschreiben - Lebenslauf - Online Bewerbung

Sonja Bischoff

IMPRESSUM

Richtig Bewerben leicht gemacht

Die professionelle Bewerbung als Schlüssel zum Erfolg / Deckblatt – Anschreiben – Motivationsschreiben - Lebenslauf - Online Bewerbung

von Sonja Bischoff

ISBN-13: 978-1481298193

ISBN-10: 1481298194

Autor: Sonja Bischoff

Kontakt über: info@joelnoah.com

Prolog

Die in diesem Buch veröffentlichten Inhalte und Ratschläge wurden vom Verfasser sorgfältig und nach bestem Wissen und Gewissen erarbeitet. Eine Haftung des Verfassers oder des Verlages für Personen-, Sach- und Vermögensschäden ist dennoch ausgeschlossen.

Der Autor distanziert sich ausdrücklich von Textpassagen, die im Sinne des § 111 StGB interpretiert werden könnten. Die entsprechenden Informationen dienen dem Schutz des Lesers. Ein Aufruf zu unerlaubten Handlungen ist nicht beabsichtigt.

Sämtliche Angaben, Empfehlungen, Quellen, Referenzen und Anschriften wurden sorgfältig recherchiert. Im Laufe der Zeit können sich jedoch unerwartete Änderungen ergeben, so dass keinerlei Haftung oder Gewähr übernommen werden kann.

Falls Sie nach interessanten Themen zu Beruf und Karriere Ausschau halten sollten, so finden Sie in jedem gut sortierten Buchladen oder auch bei amazon.de Bücher unter meinem Namen: „Sonja Bischoff".

Hier einige Bücher, welche Sie interessieren könnten:

- ➤ Das Vorstellungsgespräch souverän meistern - Die richtige Körpersprache, Stolperfallen vermeiden, Schwächen in stärken umwandeln, Auf Stressfragen gekonnt antworten

- ➤ Jobs & Karriere für Frauen - 10 Berufe in denen Sie mehr als 40.000 Euro im Jahr verdienen

- ➤ Rhetorik für Frauen leicht gemacht - Mehr Erfolg im Beruf durch simple Kleinigkeiten

- ➤ Frauen an die Macht - Die besten Karrieretipps für Frauen - Aufstieg in eine Führungsposition leicht gemacht

INHALT

Einleitung

Längst ist es zu einer großen Seltenheit und Ausnahme geworden, dass man ein Leben lang in ein und demselben Betrieb - ja sogar in ein und derselben Branche - arbeitet. Mittlerweile ist es daher normal geworden, dass sich Arbeitnehmer im Laufe Ihres Berufslebens um zahlreiche Stellen bewerben müssen.

Dabei stellt sich immer wieder die Frage: Wie sollte eine korrekte Bewerbung aussehen? Was muss ich unbedingt beachten, welche Standards und Normen gibt es? Zugleich wollen Sie als Bewerber aus der Masse der Bewerbenden herausstechen, also eine individuelle und kreative Bewerbung einreichen, die dem Unternehmen verdeutlicht, dass Sie eine Bereicherung für das bestehende Team wären. Wie gestaltete man also eine kreative und herausragende Bewerbung?

Dieser Bewerbungs-Ratgeber gibt Ihnen Informationen dazu, wie Sie mit Ihrer Bewerbungsmappe aus der Masse der Bewerber hervorstechen können, welche Fehler und Fettnäpfchen Sie unbedingt vermeiden sollten, und vor allem: Wie Sie Ihrer Bewerbung eine besondere, individuelle Note verleihen können.

Auch, wenn Sie sich bereits um einige Stellen beworben haben, und beruflich erfolgreich waren, kann es sein, dass Ihr Wissen um die korrekte Bewerbung nicht mehr auf dem neusten Stand ist. Denn Normen wandeln sich - internationale Bewerbungsstandards finden immer mehr Eingang in die deutsche Unternehmenskultur - ein Beispiel hierfür sind Standards der Lebensläufe in der französischen bzw. amerikanischen Version. Ein Update auf diesem Gebiet kann Ihnen also nicht schaden.

Zu guter Letzt sollen Sie zudem Tipps und Hinweise für Bewerbungsformen im Internet - die Bewerbung per E-Mail sowie die Bewerbung über Online-Bewerberportale von Unternehmen, erhalten.

Wie also sollte eine wirklich gute Bewerbung aussehen?

ÜBERZEUGENDE BEWERBUNGEN

Eine herausragende und interessante Bewerbung zu erstellen, bildet den Weg zu Ihrem potenziellen Traumjob. Sie mögen noch so viele berufliche und persönliche Qualifikationen mitbringen - wenn Sie diese in einer Bewerbung nicht adäquat darstellen können, erhalten Sie mit hoher Wahrscheinlichkeit nicht die Chance auf ein Vorstellungsgespräch.

Dabei gilt grundsätzlich: Je begehrter der Job und je größer die Zahl der Konkurrenten, desto herausragender müssen nicht nur Ihre Qualifikationen sein - sondern auch deren Darstellungsweise.

DIE QUALITÄT IHRER BEWERBUNG

Ihre Bewerbung sagt sehr viel darüber aus, wer Sie sind. Nicht jeder kann sich in jeder Lebenslage vorteilhaft darstellen. Aber eine Bewerbung kann in aller Ruhe - und wenn nötig auch mit etwas Unterstützung formuliert werden. Unterstützung, das kann einfach jemand sein, der die Bewerbung gegenliest, und Sie auf Rechtschreib- oder Formfehler hinweist, oder Ihnen Tipps zur Formulierung gibt.

Mittlerweile gibt es jedoch auch in vielen Universitäten und Job-Centern detaillierte Bewerbungsmappen-Checks, die helfen, Schwachstellen der eigenen Bewerbung aufzuspüren, und Fehler in Form und Inhalt zu vermeiden. Nur wenn eine Bewerbung, was Form und Rechtschreibung anbelangt, fehlerfrei ist, wird sie überhaupt Berücksichtigung finden. Daher sollte sich Ihr Augenmerk zuallererst darauf konzentrieren. Personaler legen viel Wert auf diese Aspekte. Schließlich bereitet das Sichten zahlreicher Bewerbungen sehr viel Arbeit. Gewinnt der Personaler den Eindruck, dass Sie sich wenig Mühe gegeben haben, wird er Ihrer Bewerbung - egal, wie gut Sie für die Stelle geeignet sein mögen, generell keine Beachtung schenken. Eine saubere, ästhetische fehlerfreie Bewerbungsmappe sagt daher aus: Ich bin motiviert und ich weiß zu schätzen, dass Sie sich die Zeit nehmen, meine Bewerbung eingehend zu betrachten!

Inhaltliche oder formale Fehler können auch ein Grund dafür sein, wenn sich trotz zahlreicher Bewerbungen kein Arbeitgeber bei Ihnen meldet. Man hört das nicht selten von Bewerbern: Ich habe hunderte Bewerbungen geschrieben - und bekommen nicht mal eine Rückantwort! Ist das tatsächlich der Fall, und die Unternehmen machen sich nicht einmal die Mühe, Ihnen zu antworten, ist nicht davon auszugehen, dass die deutsche Unternehmenskultur so schlecht ist. Vielmehr ist es wahrscheinlich, dass der Bewerber unbeabsichtigt die falschen Signale - wie geringes wirkliches Interesse an der Stelle - bekundet hat.

Das beginnt schon damit, dass man nicht hunderte qualifizierte und wirklich gute Bewerbungen wegschicken kann. Denn zunächst muss ja einmal eine passende Stellenanzeige gefunden werden. Wer wahllos Bewerbungen verschickt, vermittelt meist auch diesen Eindruck.

Um eine gelungene und passgenaue Bewerbung zu formulieren, braucht man zudem etwas Zeit. Schließlich sollte man sich Informationen über das Unternehmen beschaffen, und einen geschliffenen Text formulieren. Das geht nicht hundertfach in kurzer Zeit.

Wählen Sie die Stellenanzeigen, auf die sich bewerben möchten, daher sorgfältig aus! Ihr Profil muss nicht hundertprozentig auf das der Stelle passen; die Übereinstimmungen sollten aber hoch sein. Mangelnde Qualifikationen in einem Bereich, sollten durch zusätzliche Qualifikationen in anderen Bereichen, die für den Job ebenso wichtig sind, ausgeglichen werden.

Verwenden Sie auf jede neue Bewerbung höchste Sorgfalt - sonst ist Ihre Mühe letztlich umsonst. Und besonders wichtig: Sich bewerben - und abgelehnt zu werden - ist manchmal frustrierend und kratzt am eigenen Ego. Lassen Sie sich davon nicht demotivieren, sondern suchen Sie gezielt nach Verbesserungsmöglichkeiten Ihrer Bewerbungen.

Manchmal ist es dafür auch nötig, ein neues Verständnis von Bewerbungen zu entwickeln - denn Bewerben heißt, gleichermaßen für sich *und* um das Vertrauen des Unternehmens zu werben. Viele Bewerber vergessen dabei, dass es nicht nur darum geht, sich in gutem Licht darzustellen, sondern vor allem auch dem Unternehmen klar zu machen, warum man dieses bereichern würde. Und zwar anhand von konkreten Erfolgen der eigenen Laufbahn.

RICHTIG FÜR SICH WERBEN

Eine Bewerbung schreiben - das heißt, sich selbst gut und interessant zu präsentieren, und zugleich: um die Aufmerksamkeit eines Unternehmens zu werben.

Unternehmen tun sich nicht leicht mit Personalentscheidungen. Denn ist der Mitarbeiter erst einmal eingestellt, soll alles reibungslos und gut funktionieren. Stellt sich heraus, dass der Kandidat doch nicht gut in das Team passt, kreiert das nachhaltige Nachteile für das Unternehmen. Deswegen tun sich viele Unternehmen so schwer mit dem Entscheidungsprozess und entwickeln teilweise sehr aufwendige Auswahlverfahren für Bewerber. Der richtige Kandidat soll also gefunden werden. Und Sie müssen davon überzeugen, dass Sie der richtige oder die richtige Kandidatin sind!

Dabei sollten Sie sich ein wenig die Regeln moderner Werbung zu Herzen nehmen: Gute Werbung zählt nicht einfach wahllos auf, was das Produkt - oder in Ihrem Fall: der Bewerber - so alles kann. Stattdessen erläutert die Werbung, was ein Produkt für den Käufer tun kann - und was es in diesem Punkt von anderen Produkten abhebt. Das heißt, Werbung ist nicht produktbezogen, sondern fragt: Was sucht der Kunde? In diesem Fall müssen Sie sich also fragen: Was sucht das Unternehmen? Welchen Bewerber stellt es sich vor? Wie sieht der ideale Bewerber aus? Und wie kann ich ideal verdeutlichen, dass ich die Kriterien des Unternehmens an einen herausragenden Bewerber erfülle?

Dazu sagt Ihnen das Unternehmen bereits allerhand in der Stellenausschreibung. Das heißt, Sie sollten wirklich auf die Stellenausschreibung eingehen, und nicht einfach pauschal Ihre Qualifikationen und Fähigkeiten aufzählen. Studieren Sie Stellenanzeigen genau. Achten Sie dabei auch auf den Tonfall: Manche Unternehmen formulieren knappe Texte, die lediglich ein paar wenige Anforderungen an den Bewerber auflisten. Das bedeutet für Sie, dass Sie ebenso knapp und präzise Ihre Qualifikationen und Erfolge darstellen sollten.

Andere Unternehmen stellen zuallererst sich in einer Stellenanzeige vor. Das zeigt Ihnen, dass das Unternehmen viel Wert auf seine Corporate Identity - also Identität und Image des Unternehmens nach außen hin - legt. Und dass es demzufolge erwartet, dass Sie sich mit Unternehmensstrategie und Philosophie gut identifizieren können. Daher sollten Sie besonders hierauf ausführlich eingehen.

Andere Unternehmen und Firmen, gerade innerhalb der Kreativbranchen, duzen den Bewerber, und stellen sich und die Ansprüche an den Bewerber eher unkonventionell und ausgefallen dar. Das gibt einen deutlichen Hinweis darauf, dass Ihre Bewerbung nicht nur ausgefallen ausfallen darf - sondern vielleicht auch muss. Zum Thema ausgefallene Bewerbungen erfahren Sie später mehr.

Sie sehen also: Die Art, wie sich ein Unternehmen präsentiert, sagt Ihnen zugleich, wie Sie sich dem Unternehmen präsentieren sollten, und welche Art von Bewerber es wirklich sucht. Achten Sie also sorgfältig auf diese Hinweise! Wenn Sie den Eindruck gewinnen, dass

Sie nicht gut zu dem Unternehmen passen - weil Sie nicht so „nüchtern" oder so unkonventionell sind, heißt das vielleicht auch, dass eine Bewerbung um diese Stelle nicht allzu viel Sinn macht. Denn wahrscheinlich würden weder Sie noch Ihr Arbeitgeber wirklich glücklich mit der Besetzung der Stelle durch Sie.

Nehmen Sie sich also die Regeln des guten Werbens zu Herzen und verweisen Sie nicht nur darauf, was Sie gut können - sondern inwiefern Sie für das Unternehmen die richtige Entscheidung sind. Denn letztlich geht es bei der Bewerberauswahl immer auch um Unternehmenserfolg.

Sie müssen deutlich machen, warum Sie, und nur Sie, für das Unternehmen einen entsprechenden Zugewinn darstellen würden, und warum Sie, im Vergleich zu Ihren Konkurrenten aus der Masse der Bewerber herausstechen,

Anforderungsprofile erfüllen - passt der Job zu mir?

Bevor Sie eine Bewerbung schreiben, sollten Sie sich also grundsätzlich Gedanken machen, ob die ausgeschriebene Stelle wirklich zu Ihnen passt. Das ist nicht immer einfach. Manche Arbeitgeber formulieren sehr schwammig und allgemein, geben wenig konkrete Informationen zu einem Anforderungsprofil. Andere Arbeitgeber haben scheinbar sehr konkrete Vorstellungen von Ihrem zukünftigen Arbeitnehmer, und listen eine lange Reihe von zu erfüllenden Eigenschaften auf, die bisweilen abschrecken können.

Hier gilt: Wichtig ist, dass Ihr Studien- oder Ausbildungsabschluss gut zu der Stelle passen muss. Bei anderen Qualifikationen. Auch sollte darauf geachtet werden, ob es sich um eine Stelle mit Führungsverantwortung oder ohne handelt - entsprechend viel oder wenig Erfahrung muss man auf einem Gebiet vorweisen können. Wer zum Beispiel selbstständig Marketing-Konzepte für ein Unternehmen erstellen soll, braucht einige Jahre Berufserfahrung.

Bestimmte Anforderungen, wie die Fähigkeit zum Teamwork oder selbstständigem Arbeiten, sind bewusst allgemein gehalten. Wer würde sich schon als nicht teamfähig charakterisieren, egal, ob er es ist oder nicht?

Meist wird eine Liste von Zusatzkenntnissen wie Sprachen, EDV-Kenntnisse usw. genannt. Wenn hier steht „ist von Vorteil", dann sind mangelnde Kenntnisse zumindest kein Ausschlussgrund. Zudem können gerade auf dem Gebiet der EDV-Kenntnisse kurze Lehrgänge oder eine kurze Einarbeitungszeit Lücken im Kenntnisbereich rasch füllen. Das heißt für Sie: Wenn Sie noch nicht gut mit Photoshop vertraut sind, es aber ein Teil der Stellenanforderung ist, sollten Sie rasch damit beginnen, sich einzuarbeiten. Dass Sie noch unerfahren damit sind, heißt ja nicht, dass Sie es nicht lernen können.

Generell kann man sagen, dass ständige Weiterbildung eine wichtige Voraussetzung für die Suche nach einem neuen Job ist. Wenn Sie zehn Jahre lang auf einem Posten gearbeitet haben, und sich nun neu orientieren müssen, ist es meist zwingend notwendig, neue Kenntnisse in bestimmten Bereichen zu erwerben.

Anforderungsprofile sollten Sie daher nicht abschrecken, im Gegenteil: Sie zeigen Ihnen, was Sie können sollten. Können Sie es nicht, heißt das, dass Sie Weiterbildung benötigen. Gerade ältere Arbeitnehmer empfinden hier aber zu viel falschen Stolz: „Ich habe zwanzig Jahre Berufserfahrung - wozu brauche ich Weiterbildung?" Weiterbildungen beweisen Ihrem Arbeitgeber, wie engagiert und motiviert Sie sind. Solange die Weiterbildungen nützlich für Ihren weiteren beruflichen Werdegang sind, sind Sie immer ein Ausweis Ihres Bemühens. Vergessen Sie nicht, diese Weiterbildungsmaßnahmen durch entsprechende Zeugnisse zu belegen. Was genau in Ihre Mappe gehört, und womit Sie wirklich überzeugen, erfahren Sie im folgenden Gliederungspunkt.

WAS GEHÖRT IN DIE BEWERBUNGSMAPPE?

ANSCHREIBEN ANSPRECHEND FORMULIEREN

Ein Anschreiben gehört in jede Bewerbung. Das Anschreiben wird jedoch nicht in die Mappe gesteckt, sondern wird lose auf die Mappe gelegt. Wählen Sie nicht zu dünnes Papier, sondern legen Sie Wert auf etwas stärkeres Papier, damit das Anschreiben keine unschönen Knicke erhält, wenn es auf der Bewerbungsmappe aufliegt.

Seien Sie sich dessen bewusst, dass das Anschreiben das erste ist, was ein Unternehmen von Ihnen zu Gesicht bekommt - und vergessen Sie nicht: Es gibt keine zweite Chance für einen ersten Eindruck!

FORMALES

Ihr Anschreiben muss ein Adressfeld enthalten, das genau wie in Geschäftsbriefen, Ihre Adressdaten sowie die, des Unternehmens, bei dem Sie sich bewerben wollen, enthält. In diesem Zusammenhang ist es auch wichtig, einen konkreten Ansprechpartner zu ermitteln, zu dessen Händen die Bewerbung eingereicht wird.

Unter dem Adressfeld wird eine Betreffzeile platziert. Vermerken Sie den Betreff gut lesbar, indem Sie ihn fettgedruckt oder unterstrichen formatieren. In der Betreffzeile geben Sie an, dass Sie sich bewerben, und um welche Stelle Sie sich bewerben wollen. Ebenso wichtig ist die Angabe einer Kennziffer, sofern diese in der Stellenausschreibung genannt wird. Denn gerade bei großen Unternehmen oder Behörden gehen zahlreiche Bewerbungen ein; diese sind ohne Kennziffer nicht zuzuordnen - und niemand wird sich für Sie diese Mühe machen wollen. Auf einen Blick sollte also deutlich werden, um was Sie sich bewerben: Sie müssen jedoch nicht extra „Betreff" schreiben - es genügt als, anzugeben: Bewerbung um eine Stelle als Fachkraft für ... Kennziffer

Manchmal ist es zudem wichtig, einen Einsatzort bzw. die Niederlassung zu nennen, für die Sie sich bewerben. Unternehmen, die bundesweit Niederlassungen besitzen, schreiben meist zeitgleich Praktika, Ausbildungsstellen und Traineeprogramme aus. machen Sie also deutlich, für welchen Ort Sie sich bewerben wollen.

Im Betreff können Sie auch angeben, wie Sie auf die ausgeschriebene Stelle gestoßen sind, indem Sie sich auf den Ort der Anzeige beziehen. Es ist nicht nötig, im ersten Satz des Anschreibens den Betreff oder den Ort, an dem Sie die Bewerbung gefunden haben, nun noch einmal zu widerholen. Schreiben Sie also *nicht*: „In der Tageszeitung XY bin ich auf Ihr Stelleangebot gestoßen, und möchte mich hiermit darum bewerben" - steigen Sie lieber direkt und kreativ in Ihr Anschreiben ein. Schließlich haben Sie nur wenig Raum zur Verfügung.

Sprechen Sie die Person, die Ihre Bewerbung anschaut, direkt an. Ist in der Stellenausschreibung keine Person ausdrücklich genannt, oder werden verschiedenen Ansprechpartner genannt, und Sie sind sich nicht sicher, wer Ihre Bewerbung lesen wird, so sollten Sie stets noch einmal bei dem Arbeitgeber nachfragen, wer der Ansprechpartner für Bewerbungen ist. Denn ein „Sehr geehrte Damen und Herren" schafft Distanz zu dem Leser. Zudem gibt Ihnen der Anruf eine Chance, bereits einen guten ersten Eindruck von sich zu vermitteln.

Der Personaler, der Ihr Anschreiben liest, entscheidet binnen weniger Sekunden, ob er die weiteren Teile der Mappe anschauen möchte. Verzichten Sie zudem auf Standard-Eingangsfloskeln wie „Bezugnehmend auf Ihre Stellenausschreibung in der Zeitung XY" - auch hier gilt: Das hat der Personaler bereits tausend Mal gelesen - und wird sein Interesse für Ihre Bewerbung nicht eben steigern. Zumal Begriffe wie „bezugnehmend" nach Beamtendeutsch klingen.

Auch Formulierungen wie „mit großem Interesse" oder „mit großer Begeisterung habe ich Ihre Stellenausschreibung zur Kenntnis genommen", klingen weder ehrlich, noch sind Sie als Formulierung nötig. Würden Sie sich für die Stelle nicht interessieren, würden Sie sich schließlich auch nicht bewerben!

Stellen Sie sich bei der Formulierung Ihres Einstieges eher vor, Sie würden eine Rede halten oder einen Text schreiben. Beginnen Sie mit einem überraschenden, kreativen Einstieg: „Sehr geehrte Frau ..., Mobilität verbindet Menschen ... aus diesem Grund bewerbe ich mich um eine Stelle im DB-Mobilitätszentrum." Dies ist nur ein Beispiel. Überlegen Sie, wofür die Branche steht, in der Sie sich bewerben wollen, und stimmen Sie Ihren Einstieg darauf ab.

Achten Sie auf kurze und prägnante Verben. Vermeiden Sie unbedingt die, in der Beamtensprache beliebten Substantivierungen. „Durch die Erledigung von Aufgaben in dem Bereich...". Transitive Verben („ich erledigte") wirken aktivierend und interessanter. Substantivierungen wirken langweilig und schaffen Distanz zum Leser. Sie aber wollen dessen Aufmerksamkeit gewinne, und von Ihrer Persönlichkeit überzeugen.

Untergliedern Sie Ihr Anschreiben in sinnvolle Absätze und achten Sie darauf, dass es keineswegs zu lang sein sollte - mehr als eine Seite sollten Sie nicht schreiben. Wenn Sie das Gefühl haben, dass Sie Ihre Qualifikationen ausführlicher beschreiben *müssten, fügen Sie die sogenannte „Seite 3"* ein. *Das ist ein*

Motivationsschreiben, das der Mappe nach dem Lebenslauf eingefügt wird.

Vergessen Sie nicht, Ihr Anschreiben mit einem Datum und dem Ort zu versehen und zum Schluss das Anschreiben zu unterschreiben.

Wählen Sie Blocksatz - „ausgefranste" Ränder wirken sehr unästhetisch. Standardschriftarten für Bewerbungen sind Times New Roman oder andere Serifen-Schriften. Sie ergeben ein gut lesbares Schriftbild in längeren Texten.

INHALTLICH

Achten Sie bei Ihrem Anschreiben darauf, eine feste Struktur von ein bis zwei Sätzen zur Einleitung zu haben, anschließend im Hauptteil Ihre Qualifikation und Motivation darzulegen, und vergessen Sie auch nicht einen interessanten Schlusssatz. Beim Schlusssatz gilt - ebenso, wie bei der Einleitung: Verzichten Sie auf standardisierte Floskeln wie „über eine positive Antwort würde ich mich sehr freuen". Je prägnanter und direkter Sie Ihre Sätze formulieren, desto besser.

Bevor Sie damit beginnen, Ihr Anschreiben zu formulieren, sollten Sie sich daher noch einmal genau die Stellenanzeige betrachten - gegebenenfalls wichtige Schlüsselqualifikationen unterstreichen und versuchen zu formulieren, inwiefern Sie gerade diese Qualifikationen besitzen.

Paraphrasieren Sie die angegeben Qualifikationen und überlegen Sie, welche Ihrer bisherigen Job-Erfahrungen dazu passt. Die Regel: Jede Behauptung, die Sie machen, muss belegt werden.

Eine bloße Auflistung von Soft Skills - „ich bin leistungsbereit, belastbar und motiviert" - wird nicht als Ausweis Ihrer Fähigkeiten angenommen. Stattdessen sollten Sie lieber auf einen persönlichen Erfolg verweisen, der diese Fähigkeiten belegt: „Ich leitete in der Firma XY die Vertriebsabteilung und bewies dadurch Führungsstärke..."

Es nützt auch nichts, eine endlose Parade von Soft Skills aufzuführen; nennen Sie die relevantesten Fertigkeiten, die Sie in diesem Job benötigen. Bedenken Sie auch: Wenn Sie eine eloquente Bewerbung formulieren, müssen Sie nicht noch einmal betonen, dass Sie sprachgewandt sind. Wenn Sie eine sorgfältig erstellte und ästhetische Mappe einreichen, müssen Sie nicht gesondert auf Sorgfalt hinweisen. D. h., durch Ihre Mappe können Sie sehr viele entscheidende Eigenschaften nonverbal vermitteln. Das gilt natürlich auch im negativen Sinne: Wenn Sie im Anschreiben formulieren, Sie arbeiteten gründlich und sorgfältig, Sie vergessen in der Bewerbung aber, Ihre Kontaktdaten anzugeben, dann werden Sie offenkundig Lügen gestraft!

DECKBLATT

Ein Deckblatt ist durchaus optional. Viele Akademiker kennen das Deckblatt aus der Abgabe von Studienarbeiten. Tatsächlich verleiht es der Mappe einen attraktiveren Rahmen. Zudem rückt es auch die Bewerberpersönlichkeit in den Vordergrund. Denn auf dem Deckblatt werden lediglich Betreffzeile, Kontaktdaten und das entsprechende Bild des Bewerbers präsentiert.

Bewerbungsfotos auf Deckblättern können größer sein, als die üblichen Standardgrößen. Das gibt Ihnen Gelegenheit, ein Bild einzufügen, das Ihren gesamten Oberkörper zeigt. Der Vorteil: Man sieht Ihre Haltung; Bilder, die den Oberkörper zeigen, wirken dynamischer, weil man nicht in steifer Pose dasitzen muss. Allerdings sollte Ihr Bild auch nicht zu groß geraten. Auch zu ausgefallene Posen müssen es nicht unbedingt sein.

Ein Deckblatt sollte grafisch ansprechend gestaltet sein. Dazu gehört auch, sich Gedanken darüber zu machen, wie Text und Bild angeordnet werden. Hierfür können Sie auch Vorlagen aus Ihrem Textverarbeitungsprogramm wählen. Sie dürfen durchaus dezent (!) mit Farben arbeiten, um einen individuelleren Rahmen für Ihre Bewerbung zu schaffen.

DIE „SEITE 3" - IHR MOTIVATIONSSCHREIBEN

Wie oben beschrieben, gibt Ihnen die Seite 3 die Möglichkeit, etwas ausführlicher von sich und Ihren Qualifikationen zu berichten bzw. noch einmal detailliert auf Ihre Motivation für die Bewerbung hinzuweisen. Auch in diesem Fall gilt: Mehr als eine Seite sollte es nicht sein. Denken Sie auch hier daran, den Text sorgfältig und übersichtlich zu gliedern. Standardmäßig gilt für Bewerbung: Jeder Absatz bedeutet eine gesamte freie Zeile. Nur so kann das Auge den Text rasch überfliegen.

Als Überschrift wählen Sie etwas wie „Zu meiner Motivation" - um die Absicht dieser Seite noch einmal genauer zu erläutern. Hier können Sie auch ausführlicher darauf eingehen, warum das Unternehmen Sie besonders reizt, und warum Sie für die Stelle besonders gut geeignet sind.

Ansonsten gilt alles, was auch für das Anschreiben gesagt wurde: Qualifikationen müssen durch Beispiele belegt werden. Formulieren Sie lebendig und vermeiden Sie hölzerne Formulierungen.

TABELLARISCHER LEBENSLAUF

Ihr Lebenslauf erlaubt es auf einen Blick, Ihre wesentlichen Qualifikationen und Stationen Ihres Berufslebens nachzuvollziehen. Der oberste Anspruch an einen Lebenslauf seitens eines Personalverantwortlichen ist also eine übersichtliche Struktur und Gliederung.

Gliedern Sie Ihren Lebenslauf also sinnvoll: Verwenden Sie dabei Überschriften wie „Zur Person", „Schulische Ausbildung", „Berufliche Erfahrungen", Praktika", „Sprachkenntnisse" und „besondere Kenntnisse".

In den Kopf des Lebenslaufes gehören Ihre persönlichen Daten. Dazu gehören Geburtsdatum- und Ort, Ihr Familienstand sowie Ihre Kontaktdaten. Es werden, auch bei jungen Menschen, keine Angaben zu Eltern und deren Berufen gemacht. Ebenso entfallen Angaben zu Geschwistern und dergleichen.

Es gibt zwei Varianten, den Lebenslauf aufzubauen: Entweder beginnen Sie mit Ihrer Schulausbildung oben, und geben anschließend alle weiteren Informationen, oder Sie beginnen oben mit Ihrer letzten Stelle. Bei der letzteren Variante handelt es sich um die klassische deutsche Form. Es gilt jedoch: Für die Entscheidung darüber, ob Sie die Stelle bekommen, ist durchaus wichtiger, wo Sie zuletzt arbeiteten, als wo Sie zur Schule gegangen sind. Für den Personaler kann die amerikanische Form des Lebenslaufes also günstiger sein.

Übrigens: Ihre Grundschule muss in Ihrem Lebenslauf nicht vermerkt werden. Lediglich der höchste Schulabschluss wird angegeben!

Neben der Angabe, von wann bis wann Sie bei welcher Firma gearbeitet haben, kann es sinnvoll sein, sehr knapp den Inhalt Ihrer Arbeitsaufgaben zu nennen. Zum Beispiel: Sekretariatsleitung, Assistenz der Geschäftsführung usw. Allerdings sollte dies sehr knapp angegeben werden, um den Lebenslauf nicht unnötig lang zu gestalten.

Immer wichtiger werden - je nach Stelle - auch spezielle Kenntnisse wie auf dem Gebiet der Datenverarbeitung und Webanwendungen. Wenn Sie darüber verfügen, sollten Sie sie unbedingt nennen. Auch ehrenamtliche Tätigkeiten sollten Sie in Ihrem Lebenslauf angeben, weil Sie das Bild Ihrer Persönlichkeit erweitern und abrunden. Hobbies dagegen sollte man in einem Lebenslauf nicht nennen. Denn ob Sie gerne rudern wird den Personaler des Unternehmens nicht interessieren.

Bisweilen kann es vorkommen, dass nicht der standardmäßige tabellarische Lebenslauf gefordert wird, sondern ein ausformulierter Text. Sie müssen also lediglich die tabellarischen Angaben prägnant ausformulieren, und sollten so präzise und direkt wie möglich einen kompletten Text schreiben.

Auch kann es durchaus noch vorkommen, dass Sie einen handschriftlichen Text einreichen müssen. Die Idee dahinter ist bisweilen, dass das Schriftbild etwas über den Bewerber aussagt. Wer unsauber und liederlich schreibt, offenbart dann wenig Sorgfalt. Handschriftliche Bewerbungen werden jedoch nur noch sehr selten verlangt.

Vergessen Sie nicht, Ihr Foto auf dem Lebenslauf zu platzieren - es sei denn, Sie wollen ein Deckblatt verwenden. Dann wird das Foto auf dem Deckblatt angebracht. Beachten Sie, dass Fotos nicht auf das Dokument gedruckt werden sollten, sondern mit doppelseitigem Klebeband oder ähnlichem aufgeklebt werden sollten. Versehen Sie das Bild auf der Rückseite mit Ihrem Namen, damit es zugeordnet werden kann, falls es abfällt.

IHR BEWERBUNGSFOTO - DAS UNTERNEHMEN MACHT SICH EIN BILD VON IHNEN

Abgesehen von solchen Bewerbungsverfahren, die bewusst als anonym gekennzeichnet sind, sollte stets ein Foto eingefügt werden. Auf diesem Foto sollen Sie etwas von Ihrer Persönlichkeit offenbaren und einen ersten Eindruck vermitteln. Hier können Sie zeigen, dass Sie gepflegt sind und vor allem: Sie können mit einem sympathischen und gewinnenden Lächeln für sich werben.

In den USA haben sich anonyme Bewerbungen ohne Bild durchgesetzt, auch deshalb, weil Unternehmen so den Verdacht auf Diskriminierung wegen Alter, Geschlecht und Aussehen von vornherein ausschließen wollen. In Deutschland wird ein Foto jedoch immer noch gefordert oder ist Standard. Steht in der Stellenausschreibung also: Reichen Sie die üblichen Bewerbungsunterlagen ein.", ist damit ausdrücklich auch ein Foto gemeint.

Kaum ein Bewerber mag sich selbst gern auf einem Bewerbungsfoto sehen. Meist ist man angespannt und unsicher. Außerdem ist die Situation bei einem Fotografen immer etwas anders, als in entspannter privater Atmosphäre. Trotzdem sollten Sie immer auf einen Profifotografen zurückgreifen. Wenn man bereit ist, etwas mehr Geld für ein professionelles Shooting zu investieren, gibt es meist eine kurze Beratung zu Kleidung und Make-up sowie eine Retusche dazu.

Professionelle Fotografen kennen die Standards für Bewerbungsbilder in bestimmten Branchen sehr gut. Wenn Sie sich auf unterschiedliche Stellen und in unterschiedlichen Branchen bewerben wollen, sollten Sie das dem Fotografen mitteilen. Bei Profi-Shootings erhalten Sie die Möglichkeit, Kleidung zu wechseln, und entsprechend der Branche anzupassen. Der Fotograf kann Sie auch zu Pose und Bild-Format beraten, sowie dabei helfen, sich zwischen einem bunten oder einem schwarz-weißen Bild zu entscheiden.

Schwarz-weiß Bilder wirken zugleich interessant und elegant. Entscheiden Sie selbst, was gut zu Ihnen passt. Ein Schwarz-Weißes oder ein buntes Bild wird nie ein Ausschlusskriterium für einen Bewerber bilden, kann aber Vorzüge unterstreichen. Ein Bewerber mit stahlblauen Augen profitiert vielleicht eher von einem Farbbild. Eine Friseurin mit hipper Frisur ebenso. Ein Lektor oder eine Anwältin hingegen könnten mit Schwarz-weiß Bildern positiv auffallen.

Die Standardabmessung eines Bewerbungsfotos beträgt ca. 6,5 cm mal 4 cm. Man kann durchaus ein etwas größeres Format wählen - besonders dann, wenn man ein Deckblatt verwendet, aber das Bild sollte nicht zu groß sein.

Schreiben Sie auf die Rückseite Ihres Bildes Ihren Namen, damit das im Zweifelsfall zugeordnet werden kann, falls es abfällt. Vergessen Sie nicht: Ihr Bewerbungsbild darf nicht ausgedruckt auf dem Lebenslauf erscheinen, sondern muss als separates Foto auf den Lebenslauf aufgeklebt werden.

ZEUGNISSE, NACHWEISE, ZERTIFIKATE

Grundsätzlich gilt: Fügen Sie solche Zeugnisse und Zertifikate in Ihre Bewerbung ein, die für die Stelle nützlich erscheinen. Wenn Sie zu Beginn Ihrer Laufbahn eine gänzlich andere Tätigkeit ausgeübt haben, als Sie derzeit anstreben, müssen Sie die Zeugnisse nicht beifügen. Als Faustregel gilt: Arbeitszeugnisse, die älter als zehn Jahre sind, sollten Sie gar nicht beifügen. Sie besitzen keine Aussagekraft mehr.

Von den Schul- bzw. Studienabschlüssen wird nur dasjenige Zeugnis von dem höchsten Abschluss beugefügt.

Zertifikate über Zusatzqualifikationen sind nur dann für eine Bewerbung nützlich, wenn Sie unmittelbar etwas mit der Stelle zu tun haben. Sind exzellente Englisch-Kenntnisse gefragt, ist ein Zertifikat oder sonstiger Nachweis darüber Pflicht. Wenn Sie bei Ihrer neuen Stelle selbstständig Projekte leiten sollen, ist das Zertifikat über eine Weiterbildung im Bereich Projektmanagement wichtig. Dass Sie ein Rhetorik-Seminar besucht haben, um Ihre rhetorischen Fähigkeiten zu verbessern, ist aber für den Arbeitgeber nicht zwingend von Interesse. Entscheiden Sie also, was für die Stelle wirklich von Bedeutung ist!

Jüngere Arbeitszeugnisse gehören in jedem Fall in Ihre Mappe. Wichtig: Fehlen Arbeitszeugnisse, wird das negativ ausgelegt. Vielleicht war das Zeugnis so schlecht, dass Sie es nicht vorzeigen können? Vermeiden Sie diesen Eindruck, und fügen Sie Zeugnisse bei. Auch für

Berufseinsteiger, die Praktika absolviert haben, gilt: Sie sollten in jedem Fall die Erstellung eines Arbeits- bzw. Praktikumszeugnisses fordern.

Wenn Sie noch bei einem Arbeitgeber arbeiten, jedoch die Stelle wechseln wollen, gilt: Der Arbeitgeber muss Ihnen ein Zwischenzeugnis ausstellen.

BESONDERHEIT: BEWERBUNG IN EINER FREMDSPRACHE

Ist eine Stelle ausdrücklich als solche gekennzeichnet, in der viel Kontakt mit ausländischen Kunden bestehen wird bzw. wenn zum Beispiel internationale Abschlüsse verlangt werden, ist die Vorlage eines Anschreibens in der entsprechenden Fremdsprache sehr sinnvoll. Das gilt vor allem dann, wenn die Stellenausschreibung - obgleich es sich um eine deutsche Firma handelt, zum Beispiel in englischer Sprache formuliert wurde. Das gibt Ihnen ein deutliches Signal, dass eine Bewerbung in der Fremdsprache ausdrücklich gewünscht wird.

Einerseits gibt Ihnen das natürlich die Möglichkeit, hier explizit Ihre Sprachkenntnisse unter Beweis zu stellen. Andererseits gilt es hier natürlich ganz besonders, auf Rechtschreibung und korrekte Grammatik zu achten. Vor allem die Zeichensetzungen aber auch bestimmte Normen im Bezug auf Inhalt und Form der Bewerbung können deutlich abweichen. Sie sollten sich daher genau informieren, und wenn möglich einen Muttersprachler noch einmal um Korrektur bitten.

FEHLER, DIE SIE UNBEDINGT VERMEIDEN SOLLTEN

Wenn dieser Satz auf Sie zutrifft: „Ich habe bereits hunderte Bewerbungen verschickt - aber meist bekomme ich nicht einmal eine Antwort!", dann haben Sie mit hoher Wahrscheinlichkeit einen der folgenden Fehler begangen. Sie sollten daher dringend noch einmal Ihre Bewerbungsunterlagen prüfen, und Sie verbessern.

WARUM SIE KEINE STANDARDBEWERBUNGEN VERSCHICKEN SOLLTEN

Eigentlich wissen es die meisten Bewerber, aber trotzdem wird der Fehler immer wieder gemacht: Das Verschicken von Standardbewerbungen. Aus Bewerbungs-Büchern und dem Internet werden standardisierte Anschreiben kopiert, oder man verschickt eine einmal geschriebene Bewerbung dutzendfach an verschiedene Unternehmen.

Professionellen Personalern fällt so etwas jedoch sofort auf. Sie werden schließlich täglich mit Bewerbungen konfrontiert. D. h., Sie kennen die Standardtexte und Floskeln, und sind sehr rasch müde davon.

Gerade, wenn man sehr viele Bewerbungen verschickt, weil man dringend einen Job sucht, kann man in die Versuchung geraten, den eigenen Standardtext zu versenden, und lediglich die Unternehmensadresse und das neue Datum einzufügen. Schlimm genug, weil Sie so auf keinen Fall einen Eindruck auf den Personaler machen werden, und akkurat für sich werben können; meist geschehen bei solchen „Copy-Paste-Bewerbungen" auch Fehler: Das Datum wird nicht aktualisiert, die Betreff-Zeile wird nicht geändert oder - ganz schlimm - die versenden eine Bewerbung für Unternehmen A - in der Adresszeile ist jedoch noch das Unternehmen B aufgeführt.

Es nützt nichts, zahlreiche gleiche Bewerbungen zu verschicken in der Hoffnung, irgendwo wird es schon klappen. Wer tatsächlich „hunderte" Bewerbungen verschickt, der ist bei den einzelnen Bewerbungen wohl auch weniger sorgfältig. Daher gilt: Weniger ist mehr und: Qualität geht vor Quantität. Lieber zehn wirklich gute Bewerbungen verschicken, als hundert schlechte!

DIE BOTSCHAFT EINER LIEDERLICHEN MAPPE

Qualität ist Trumpf in Sachen Bewerbung. Zu einer qualitätvollen Bewerbung gehört auf jeden Fall eine sorgfältig erstellte Mappe. Dazu gehört auch, sich bei jeder neuen Bewerbung klarzumachen, dass die Bewerbungsmappe einen wirklich guten und ästhetischen Eindruck machen sollte. Viel Unternehmen schicken Bewerbungsmappen zurück. Durch den zweimaligen Postweg sind die Mappen jedoch meist nicht mehr zu gebrauchen. Also lieber eine neue Mappe verwenden! Schnellhefter taugen nicht als Bewerbungsmappe. Stattdessen sollten Sie Mappen verwenden, die tatsächlich für Bewerbungen bestimmt sind, auch wenn diese teurer sind. Denn dabei handelt es sich ja letztlich um eine Investition in Ihren beruflichen Erfolg.

Neben dem ästhetischen Eindruck der Mappe ist auch darauf zu achten, dass alle Unterlagen vollständig sind, und in eine sinnvolle Reihe gebracht wurden: Das Anschreiben liegt lose auf der Mappe, in der Mappe findet der Personaler zunächst das Deckblatt oder - wenn Sie darauf verzichten - den Lebenslauf. Danach folgt Ihr Motivationsschreiben. Ihre Zeugnisse sollten sinnvoll geordnet eingefügt werden. Jedem Leser sollte sofort klar werden, was Sie wann und wo gemacht haben. Daher werden Arbeitszeugnisse mit dem neusten beginnend geordnet; Zusatzqualifikationen und Lehrgänge folgen danach.

WARUM SIE AUF KEINEN FALL AUF EIN FOTO VERZICHTEN SOLLTEN

Natürlich könnte man argumentieren, es habe einen Arbeitgeber nicht zu interessieren, wie man aussieht. Aber bei einem Bewerbungsfoto geht es schließlich nicht darum, einen Model-Contest zu gewinnen. Die Optik eines Menschen hilft uns aber dabei, einen ersten wichtigen Eindruck von einer Person zu gewinnen.

Je schlechter das Foto, desto geringer die Chance also. Auf keinen Fall sollten Sie deshalb ein Foto aus dem Foto-Automaten in Alltagskleidung wählen. Sie sollten sich vielmehr zurechtmachen - so, wie Sie auf Arbeit gehen würden. Dazu gehört auch, sich vielleicht etwas zu schminken und die Haare frisieren zu lassen. Wenn Sie ein wenig mehr Geld ausgeben möchten, können Sie das Fotostudio auch bitten, Hautunreinheiten oder Augenringe zu retuschieren. Auch hier geht es nicht um Schönheit, sondern Ihr Bild von sich. Sie sind nach einer stressigen Woche vielleicht übermüdet - auf Ihrem Bewerbungsbild sollte man das nicht unbedingt sehen können.

KREATIVE BEWERBUNGEN ERSTELLEN

Wie kreativ Ihre Bewerbung ausfallen darf oder gar muss, hängt in hohem Maße von der Branche bzw. Stelle ab, auf die Sie sich bewerben wollen. Da es, was die eigentlichen Inhalte anbelangt, relativ starre Regeln für Bewerbungen gibt, können Sie lediglich bei der grafischen Gestaltung wie auch bei dem Gesamteindruck der Mappe Ihre eigene Persönlichkeit unterstreichen. Das gilt zumindest in dem Bereich eher konservativer Branchen.

Generell gilt: Tritt ein Unternehmen sehr konservativ auf, sollte auch Ihre Bewerbung eher konservativ ausfallen. Häufig erfahren Sie bereits aus der Stellenanzeige, wie (un)konventionell ein Unternehmen ist. Wird der Bewerber geduzt, und wird ein Text formuliert, der offenkundig übertrieben oder witzig gemeint ist („du bist kreativer als MacGyver und besitzt mehr Leben als Chuck Norris" - echter Text einer Stellenausschreibung!), dann ist das beinahe eine Aufforderung an den Bewerber, sich kreativ und ausgefallen zu bewerben.

Innerhalb einer Kreativbranche darf eine Bewerbung schon einmal auffälliger ausfallen. Mit einer kreativen Eigenwerbung bei einer Werbeagentur auffallen zu wollen, ist legitim. In vielen Werbeagenturen kursieren Geschichten über kuriose Bewerbungen - zum Beispiel die eines Bewerbers, der einen Fön versendete, mit der Botschaft, er bringe frischen Wind in die Firma. Allerdings ging diese kreative Idee nach hinten los. Denn die Antwort der Firma lautete: Heiße Luft können wir auch selbst produzieren!

Kreative Bewerbungen sind also eine Frage des Humors - auf beiden Seiten. Für die meisten Bewerber gilt daher, dass sich die Kreativität in der ästhetischen Gestaltung der Mappe erschöpfen sollte.

Auch hier gilt: In mancher Branche wirkt eine teure, außergewöhnliche Mappe interessant. In anderen Branchen mag eine Mappe mit Ledereinband und geprägtem Papier aber auch arrogant oder vollkommen übertrieben wirken. Seien Sie daher sensibel für den Anspruch von Branche und Unternehmen.

GRAFISCHE GESTALTUNG DER MAPPE

Allzu bunt sollte Ihre Mappe nicht ausfallen, das heißt aber nicht, dass Sie nicht in Kopf oder Fußzeile ein wenig Farbe einsetzen dürfen. Wenn Sie also Ihr Anschreiben gestalten, könnten Sie in der Kopf- oder Fußzeile Ihre persönlichen Daten farblich hervorheben. Wählen Sie eine dezente Farbe, die Ihre Persönlichkeit unterstreicht. Das gleiche gilt für das Deckblatt: Die Überschrift kann hier farblich hervorgehoben werden. Word liefert Ihnen sogar fertige Layout-Varianten für Ihr Deckblatt, in das Sie nur noch die entsprechenden Überschriften einfügen müssen. Durch die Auswahl einer Design- und Farbvariante können Sie dieses Layout wiederum individualisieren.

Achten Sie auch bewusst auf die Auswahl des Papieres. Es sollte nicht leichter als 120 Gramm sein, aber auch nicht zu dick, weil sonst der Stapel von Blättern nicht mehr in die Bewerbungsmappe passt.

Apropos Mappe: Investieren Sie in eine schöne Variante. Es gibt einfache, und ausgefallene Produkte. Schön sind klassisch schicke Bewerbungsmappen aus robustem Material, zum Beispiel Pappe, deren Oberfläche jedoch glatt ist und veredelt wurde.

INDIVIDUALITÄT UNTERSTREICHEN

Gerade bei lukrativen Jobs in angesehenen Unternehmen werden die Personaler mit großen Mengen von Bewerbungen konfrontiert. Umso wichtiger ist es, eine Bewerbungsmappe zu erstellen, die sehr individuell und kreativ ist, ohne jedoch die Standards zu verletzen. Hierbei handelt es sich im hohen Maße um eine Gradwanderung, die nicht immer leicht zu meistern ist. Grundsätzlich kann man sagen: Je konservativer das Business, desto konservativer muss die Mappe sein. Hier kann man jedoch mit einem wirklich guten Bild Eindruck machen. Es ist zum Beispiel legitim, nicht nur ein Standard-Bewerbungsbild, das lediglich den Kopf zeigt, zu verwenden. Auch Bilder, die eine Pose zeigen, sind erlaubt. Sie müssen jedoch hochprofessionell sein. Elegant wirken Schwarz-Weiß-Bilder. Wollen Sie Ihre Dynamik unterstreichen, ist eine dynamische Pose wirkungsvoll. Aber der Unterschied zwischen Dynamik, Lässigkeit und Liederlichkeit kann sehr fein sein. Ihr Fotograf kann Ihnen helfen einzuschätzen, was zu Ihnen und der ausgeschriebenen Stelle passt.

Ihre Individualität unterstreichen Sie auch, indem Sie auf die üblichen Floskeln verzichten, und stattdessen kreativ und rhetorisch geschickt formulieren. Hierfür braucht es einige Übung. Immerhin: Sie können Ihre Bewerbung in aller Ruhe formulieren und haben die Möglichkeit, sie von jemand anderem gegenlesen zu lassen - und diese Chance sollten Sie auch nutzen. Was Ihnen vielleicht wie die realistische Darstellung Ihrer Fähigkeiten erscheint, wirkt auf eine andere Person womöglich arrogant oder zu bescheiden.

Stechen Sie also aus der Masse hervor, indem Sie nicht steif und floskelhaft schreiben, sondern in gehobenem aber lockerem Stil.

DER INHALT IHRER BEWERBUNG

Welche Ihrer Eigenschaften sollten Sie unbedingt in einem Anschreiben nennen, auf was können Sie verzichten?

Viele Bewerber sind verunsichert, welche Ihrer Qualifikationen relevant für eine Bewerbung sind. Meist werden deshalb zu viele irrelevante Informationen gegeben, die den Leser schnell ermüden, oder wichtige Qualifikationen bleiben unerwähnt. Worauf es wirklich ankommt, erfahren Sie im Folgenden.

WELCHE SOFT-SKILLS SIND GEFRAGT?

Stellenausschreibungen listen meist eine ganze Reihe von Soft Skills auf, über die ein Bewerber verfügen sollte. Meist sind diese Fertigkeiten aber so allgemein formuliert, dass sie praktisch für jede Stelle und jeden Bewerber vonnöten oder unverzichtbar sind. Wer würde sich zum Beispiel als unselbstständig oder unmotiviert bezeichnen? Es ist daher nicht sinnvoll, die aus der Stellenausschreibung hervorgehenden Anforderungen als eigene Stärken zu widerholen. Vielmehr sollte Ihre Bewerbung diese Stärken demonstrieren.

Sorgfalt und gründliches Arbeiten demonstrieren Sie zum Beispiel dadurch, dass Sie sich über den potenziellen Arbeitgeber gut informieren, und Ihr Wissen im Anschreiben demonstrieren: „Als größter Automobilzulieferer Deutschlands...", „als umsatzstärkstes Unternehmen der Region..." - zeigen Sie also „nebenbei", dass Sie sich gut vorbereitet haben. Dadurch drücken Sie gleich mehrere Soft-Skills auf einmal aus: Sie sind motiviert und zeigen ein hohes Maß an Interesse für Ihren potenziellen Arbeitgeber. Sie haben sorgfältig recherchiert und Ihr Profil passt zu der ausgeschriebenen Stelle.

Eine sorgfältig erstellte ästhetische Mappe, mit einem professionellen freundlichen Bewerbungsbild sagt viel mehr über Sie aus, als eine endlose Auflistung von Soft Skills wie "Ich bin motiviert, leistungsbereit ...". Das alles sind Selbsteinschätzungen und als solche nicht sehr relevant für den Arbeitgeber. Achten Sie auch darauf, ob Ihre Arbeitszeugnisse und Ihre Beurteilung sich mit Ihren eigenen Einschätzungen decken. Wenn Ihre Arbeitszeugnisse Sie als unselbstständig einschätzen (auch, wenn es netter formuliert wird), nützt Ihre Einschätzung, dass Sie sehr gut selbstständig arbeiten können, sehr wenig.

WIE STELLE ICH MEINE FÄHIGKEITEN DAR?

Ihre Hard Skills werden durch Abschlüsse und Arbeitszeugnisse belegt. Im Anschreiben oder dem Motivationsschreiben müssen also nur solche Qualifikationen und Erfolge hervorgehoben werden, die im Bezug auf die ausgeschriebene Stelle besonders wichtig erscheinen. Wenn Sie sich für einen Job mit Führungsverantwortung bewerben, sollten Sie auf besonders erfolgreich gemanagte Projekte verweisen können.

Es ist nicht immer leicht, den richtigen Ton bei der Bewertung der eigenen Leistungen zu finden. Man sollte sein Licht weder unter den Scheffel stellen, noch endlose Listen von Erfolgen und Stärken aufzählen. Gut ist es, ein oder zwei konkrete Erfolge aus der näheren Vergangenheit zu nennen, die für die neue Stelle von besonderer Relevanz sind.

MIT ZEITEN VON ARBEITSLOSIGKEIT UMGEHEN

Innerhalb Ihres Lebenslaufes müssen Sie Zeiten der Arbeitslosigkeit vermerken. Denn schließlich dürfen keine Lücken in Ihrem Lebenslauf erscheinen, und falsche Angaben dürfen ebenfalls nicht gemacht werden. Grundsätzlich kommt zumindest eine kürzere Phase der Arbeitslosigkeit heutzutage in vielen Lebensläufen vor. Hierfür muss man sich nicht schämen. Arbeitslosigkeit ist auch kein generelles Manko bei Bewerbern. Lediglich sehr lange Phasen der Arbeitslosigkeit können zu einem Problem für den Bewerber werden.

Wenn Sie also den Eindruck haben, eine längere Arbeitslosigkeit könnte hinderlich sein für eine Chance auf einen Job, sollten Sie betonen, dass Sie in dieser Zeit Qualifikationsmaßnahmen ergriffen haben oder zum Beispiel ehrenamtlich tätig waren. Verweisen Sie auf Ihre besondere Motivation und Leistungsbereitschaft.

Bisweilen ist das Bild von Arbeitslosigkeit geprägt durch die Vorstellung von mangelndem Engagement und Leistungswillen. Das Bild können Sie entkräften, indem Sie ein Anschreiben formulieren, aus dem Ihre Motivation klar hervorgeht.

GEHALTSVORSTELLUNGEN & BESCHÄFTIGUNGSUMFANG THEMATISIEREN

Nicht selten sollen in Bewerbungen Gehaltsvorstellungen angegeben werden. Das ist stets ein heikler Punkt, schließlich will man sich nicht unter Wert verkaufen, andererseits will man keine utopischen Verdienste verlangen. Hier gilt: Mittlerweile gibt es viele Internetportale, die Vergleichstabellen über Löhne anbieten. Hier sollte man aber genau hinschauen: Meist sind hier Betriebsgröße und die Länge der Betriebszugehörigkeit angegeben. Teilweise schwanken Verdienste auch erheblich. Schauen Sie sich also den üblichen Lohn für Ihre Branche in Ihrer Region an.

Geben Sie Gehaltsvorstellungen jedoch nur an, wenn diese Angabe ausdrücklich verlangt wird! Es kann vorkommen, dass Arbeitgeber keine Angaben zu Verdienstaussichten machen, aber auch nicht darum bitten, entsprechende Gehaltsvorstellungen anzugeben. Es gibt daher die Möglichkeit, sich mit dem Unternehmen in Kontakt zu setzen, und um Informationen im Bezug auf Verdienstaussichten zu bitten - denn dies kann ja darüber Auskunft geben, ob Sie sich überhaupt auf die Stelle bewerben wollen. Allerdings sollte man hier nicht mit der Tür ins Haus fallen, sondern bei dem entsprechenden Verantwortlichen um Zusatzinformationen und Details zur Stelle bitten - und am Rande auch das Gehalt thematisieren. Spätestens im Bewerbungsgespräch wird das Thema Gehalt ohnehin zur Sprache kommen.

Waren Sie längere Zeit arbeitslos, sollten Sie überlegen, Gehaltsvorstellungen zu überprüfen - wer längere Zeit nicht gearbeitet hat, braucht vielleicht eine längere Einarbeitungsphase. Diesen Nachteil können Sie für den Arbeitgeber ausgleichen, indem Sie bei Ihrem Gehalt zunächst Abstriche machen. Später kann man immer noch nachverhandeln.

Wird in der Stellenausschreibung ausdrücklich erwähnt, dass eine Teilzeitbeschäftigung grundsätzlich möglich ist, können Sie eventuelle Präferenzen in der Bewerbung angeben. Wird dies nicht erwähnt, sollten Sie erst einmal von einer Vollzeitstelle ausgehen. Vielleicht wird eine Vollzeitstelle ausgeschrieben, Sie würden aber zur besseren Vereinbarkeit von Familie und Beruf lieber ein bis zwei Stunden weniger arbeiten. Solche Themen sind grundsätzlich verhandelbarer, sollten aber niemals bereits in der Bewerbung erwähnt werden. Das macht leicht den Eindruck, als fordere man sehr viel oder sei nicht sonderlich motiviert. Solche Fragen können in persönlichen Gesprächen besser geklärt werden.

Vergessen Sie in Ihrer Bewerbung auch nicht die Angabe eines möglichen Antrittstermins bzw. wann Ihr derzeitiges Anstellungsverhältnis endet.

BEWERBUNGSVERFAHREN DES WORLD WIDE WEB

Da das World Wide Web aus unserem Alltag gar nicht mehr wegzudenken ist, und immer mehr Stellen unmittelbar an das Arbeiten und Nutzen von Diensten im Web gekoppelt sind, liegt es nur nahe, dass immer mehr Bewerbungsverfahren online stattfinden. Dabei ist die E-Mail-Bewerbung zunächst eine Standardbewerbung, die lediglich per Mail übermittelt wird. Dagegen besitzen Online-Bewerberportale, die Ihre Bewerbungen entgegen nehmen, tatsächlich ganz eigene Anforderungen an eine gute Bewerbung. Worauf es im Einzelnen zu achten gilt, erfahren Sie hier.

DIE BEWERBUNG PER E-MAIL

Immer mehr Arbeitgeber bieten Ihnen die Möglichkeit, Ihre Bewerbung per E-Mail einzureichen. Das spart Ihnen Kosten für Porto und Bewerbungsmappen. Und die Personaler der Unternehmen werden nicht mit Bergen von Mappen konfrontiert, die anschließend zurückgesandt werden müssen.

Obgleich das Verfahren der Bewerbung per Mail sehr bequem ist, gilt es einiges zu beachten. Zunächst: Wir schreiben täglich Mails. Wir sind es gewohnt, in Mails locker und schnell zu tippen. Während Tippfehler in einer normalen Mail kein Problem sind, sollten Sie in Ihrer Mail an einen potenziellen Arbeitgeber auf Form und Fehler penibel achten.

Während Sie Ihre eigentliche Bewerbung im Anhang übermitteln, sollten Sie in der eigentlichen Mail die Anschrift des Arbeitgebers sowie Ihre eigene angeben. Zudem muss ebenso wie in der eigentlichen Bewerbung eine Betreffzeile eingefügt werden. Datum, Ort und Name schließen die Mail ab. Achten Sie sorgfältig auf Tipp-oder Rechtschreibfehler.

Damit Ihre Mail problemlos übermittelt werden kann, sollte die Datei nicht zu groß sein. Konvertieren Sie enthaltene Bilde entsprechend vorher auf eine Größe, die gut zu übermitteln ist. Die maximale Dateigröße, die E-Mail-Programme übermitteln können, sind 35 Megabyte. Besser sind aber wesentlich kleinere Dateigrößen, da Mails mit zu großen Anhängen rasch in Spamordnern landen. Versuchen Sie die Dateien in der E-Mail auf 1 MB maximal 2 MB zu begrenzen. Es gibt Firmen, die Ihren Posteingang auf 1 MB begrenzen. Wenn Sie merken, dass ihre Dateien die 1 MB übersteigen, so sollten Sie ruhig nachfragen ob Sie z.B. 4 MB problemlos versenden können. Eventuell steht bereits in der Stellenausschreibung wie groß der Dateianhang sein darf, dann hat sich das Thema des Nachfragens bereits erledigt.

Ihre Bewerbung im Anhang sollte inhaltlich und formal dieselben Standards erfüllen, wie eine Bewerbung auf Papier. Achten Sie darauf, alle Dokumente in eine Datei zu speichern - es sollten also nicht Zeugnisse, Anschreiben usw. als extra Anhänge geführt werden - es sei denn, dieses ist ausdrücklich gewünscht!

Viele Arbeitgeber machen Angaben dazu, welche Dateiformate zulässig sind. In aller Regel sind das die gängigen Formate wie Word- oder PDF-Dateien. Hier sollten Sie jedoch die Stellenausschreibung gründlich studieren, denn womöglich ist ein bevorzugtes Format angegeben.

Bisweilen ist die Bewerbung per Mail optional; manchmal wird sie bevorzugt oder als eine von vielen Möglichkeiten angegeben.

Hierzu muss man wissen, dass einige Firmen E-Mail-Bewerbungen als Arbeitserleichterung betrachten, andere Unternehmen diese Form der Bewerbung eher nicht bevorzugen, sie aber anbieten, weil es eben zeitgemäß ist. Hierzu gilt: Ist keine Präferenz angegeben, können Sie gerne die E-Mail-Bewerbung bevorzugen. Bei

Branchen, für die man sehr netzaffin sein muss, sollten Sie in jedem Fall eine E-Mail-Bewerbung verschicken. Wird lediglich eine Kontakt-E-Mail-Adresse gegeben, aber die Möglichkeit einer E-Mail-Bewerbung nicht genannt, sollten Sie lieber eine Standard-Bewerbung in Form einer Mappe verschicken.

Noch etwas sehr wichtiges im Bezug auf die E-Mail-Bewerbung ist - so paradox das klingt - die E-Mail-Adresse, von der aus Sie die Bewerbung verschicken. Als Privat-E-Mail-Adresse können Sie ja gerne „schatzi@yahoo.de" verwenden - bei Bewerbungen sollten Sie in jedem Fall eine seriöse Adresse angeben. Das gilt für jede Form der Bewerbung, auch, wenn Sie die E-Mail-Adresse nur als Kontaktart angeben. Übrigens: Auch keinen guten Eindruck macht es, wenn Sie Ihre Bewerbung von einer Firmen-E-Mail-Adresse aus verschicken. Das erzeugt nicht gerade den Eindruck, als wären Sie auf Ihrer Arbeit hochmotiviert bei der Sache!

DIE ONLINE-BEWERBUNG

Online Bewerbungsverfahren in Form von auszufüllenden Fragebögen stellen gerade für Großunternehmen eine enorme Arbeitserleichterung dar. Denn das Verfahren ist im hohen Maße standardisiert und scheint allein deshalb eine sehr gute Vergleichbarkeit der Kandidaten zu garantieren.

Das Unternehmen kann relativ problemlos und unkompliziert auf eine große Zahl von Daten der Bewerber zugreifen. Ein großer Teil des Verwaltungsaufwandes - Mappen sichten, sie anschließend an Bewerber zurückschicken - entfällt. Einige Unternehmen behalten sich - mit Genehmigung des Bewerbers - zudem vor, Daten zu speichern, um bei späterer Ausschreibung einer neuen Stelle darauf zurückgreifen zu können. Im besten Falle winkt Ihnen also ganz unverhofft eine Stelle, ohne dass Sie sich noch einmal konkret darauf bewerben müssten.

Online-Bewerbungen bieten auch für Bewerber Vorteile - jedoch auch eine Reihe von Nachteilen. Der Vorteil liegt klar darin, dass das bisweilen kostspielige Versenden von Mappen entfällt. D. h. man spart Kosten für die Mappe, die Entwicklung des Fotos und das entsprechende Porto. Durch die Vorgaben des Online-Bewerbungsformulars ist es beinahe unmöglich, wichtige Angaben zu vergessen, da wichtige Angaben, die zwingend nötig sind, von dem Programm angezeigt werden, und die Bewerbung ohne diese Daten gar nicht abgeschickt werden kann. Das Risiko, wichtige Angaben zu vergessen, ist daher gering.

In der Regel werden Sie von Jobportalen, auf denen Sie die Stellenausschreibung gefunden haben, direkt zu dem Online-Bewerbungsportal des Unternehmens weitergeleitet. Oder Sie schauen sich auf der Website des Unternehmens um: Dort finden Sie einen Link zu dem Bewerbungsportal. Wenn Sie ausdrücklich dazu aufgefordert werden, die Bewerbung online einzureichen, müssen Sie das auf jeden Fall tun. Auch, wenn es eventuell die Möglichkeit gibt, eine Bewerbung schriftlich einzureichen, sollten Sie das Online-Formular nutzen, da Sie dem Unternehmen hiermit viel Arbeit abnehmen. Denn im Gegensatz zu einer E-Mail Bewerbung, die letztlich eine klassische Bewerbung ist, nur durch einen anderen Datenträger übermittelt, bergen die Online-Portale eine enorme Arbeitserleichterung für Unternehmen.

ABLAUF DER ONLINE-BEWERBUNG

Bei den Online-Formularen wird eine ganze Reihe von Daten abgefragt. Zunächst erfolgt eine Abfrage der üblichen personenbezogenen Daten, danach werden Qualifikationen, bisherige Berufserfahrung und dergleichen mehr angegeben.

Das Problem für Bewerber innerhalb vieler dieser Online-Formulare ist, dass nur solche Bewerber, deren Qualifikationen zu einem hohen Grad mit den angegeben Qualifikationen übereinstimmen, eine entsprechend gute Bewertung durch das Programm erhalten. Oft ist für den Bewerber nicht ersichtlich, ob die Beurteilung mithilfe eines Algorithmus ermittelt wird, der selbstständig entscheidet, wie hoch die Übereinstimmung von Qualifikation und Anforderungen ist - oder tatsächlich noch einmal von einem Personaler geprüft wird. Es ist anzunehmen, dass das Programm eine gewisse Vorauswahl trifft. Dass das für den Bewerber Schwierigkeiten bedeutet, steht außer Frage.

Die Logik ist einfach: Der Kandidat erzielt eine Art „Score-Wert" - je besser die angegeben Qualifikationen zu der Stellenausschreibung passen, desto höher der Score.

Natürlich ist diese Lösung für Unternehmen scheinbar ideal, müssen sich doch dadurch keine realen Mitarbeiter durch Berge von Bewerbungen quälen, die mehr oder weniger gut formuliert sind. Stattdessen trifft ein Programm die Vorauswahl.

Nun kann man Programme mehr oder weniger gut schreiben. Ein Problem entsteht bei der Online-

Bewerbung nämlich dort, wo die Kategorien zu eng gezogen sind, und Bewerber ihre vorhandenen Qualifikationen schlicht nicht in einer Kategorie unterbringen können.

PROBLEME BEI ONLINE-BEWERBUNGEN

Eines, der Probleme von Online-Bewerbungsportalen sind mit Sicherheit die Kategorien, in die sich ein Bewerber einordnen muss. Lebensläufe sind aber selten schematisch. Online-Portale sind unterschiedlich gut darin, möglichst viele und vielfältige Kategorien anzubieten.

In einer Standardbewerbung hat man Raum dafür anzugeben, warum man für die Stelle der oder die Richtige ist - auch wenn die eigene Qualifikation zunächst nicht hundertprozentig den Erwartungen des Unternehmens entspricht. In einem Formular ist das wesentlich schwieriger.

Beispiel: Die Pressestelle eines deutschen Großunternehmens schreibt eine Stelle als Trainee aus. Voraussetzung: Studium der Wirtschaftswissenschaften oder Kommunikation sowie diverse zusätzliche Qualifikationen. Das Formular enthält in der Folge eine Reihe von Wirtschaftswissenschaften, die man potenziell studiert haben könnte, oder aber die Rubrik „Kommunikation" oder „Sonstige". Das heißt, alle weiteren potenziellen Studiengänge werden unter „Sonstige" zusammengefasst und entsprechend zum Ausschlusskriterium - egal, wie eng verwandt sie mit dem Fach Kommunikation sein mögen. Was aber gibt man an? Lügt man, wenn man ein anderes Fach studiert hat, es aber ähnliche Inhalte aufweist? Das Problem: Was passiert, wenn man „Sonstige" ankreuzt - ist man automatisch aus dem Rennen? Wie gewichtet der Algorithmus das Studienfach? Beurteilt ein Mensch die

Qualifikation, findet eine Vorauswahl durch das Programm statt?

In einer anderen Bewerbungsform hätte man womöglich nachweisen können, dass man zwar ein anderes Fach studiert hat, jedoch sehr viel praktische Erfahrung auf einem Gebiet aufweist. Deshalb ist es an dieser Stelle sehr wichtig, ein persönliches Anschreiben hochzuladen, in dem man noch einmal ausführlich Motivation und Qualifikation darstellt.

WORAUF ES BESONDERS ZU ACHTEN GILT

Ein weiteres Problem: Was für das Unternehmen sehr hilfreich ist - das Vorliegen der Bewerberdaten in Form von standardisierten Formularen - ist für Bewerber meist sehr mühevoll. Denn alle Unterlagen, die man eventuell benötigt, müssen fertig als PDF oder Word Dokument oder TIFF etc. vorliegen. Leider hat jedes Portal eigene Vorgaben dazu, welches Format akzeptiert werden kann, und welches nicht. Auch die Größe der Dokumente, die hochgeladen werden kann, unterscheidet sich erheblich. Das heißt, wenn man sich auf viele Stellen auf Online-Bewerberportalen bewirbt, muss man teilweise sehr viel Zeit und Geduld mitbringen, um alle Dokumente entsprechend zu konvertieren.

Sicher geht man, indem man die Dateien grundsätzlich als PDF formatiert, weil dieses Dateiformat bei allen Portalen akzeptiert wird. Achten Sie bei eingescannten Bildern im Vorfeld auf die Größe. Bei manchen Portalen ist bereits das Hochladen einer Datei von mehr als einem Megabyte unmöglich. Komprimieren Sie also schon vor dem Start der Eingabe Ihrer Daten alle Dateien auf die entsprechende Größe herunter.

Online-Bewerbungsbögen sind meist so gestaltet, dass Sie Zwischenspeichern können. Prüfen Sie das jedoch zuvor kurz nach! Es wäre ärgerlich, wenn Sie nicht zwischenspeichern könnten, aber nicht genügend Zeit haben, dem Formular bis zum Ende zu folgen. Wenn man nicht zwischenspeichern kann, wird das meist mehrfach in den Erläuterungen zum Ablauf der Online-Bewerbung erwähnt.

Bei Online-Bewerbungsbögen ist im Grunde noch größere Sorgfalt geboten, als bei normalen Bewerbungen, das Problem: Eingabefelder sehen meist aus wie solche von Chat-Programmen. Automatisch formuliert man hier laxer und weniger passgenau. Egal, ob Ihre Daten von einem Programm oder einem Menschen ausgewertet werden: Geben Sie sich Mühe beim Formulieren und achten Sie auf Fehlerfreiheit!

Viele Portale geben Ihnen die Möglichkeit, ein persönliches ausformuliertes Anschreiben hochzuladen. Nutzen Sie diese Chance unbedingt! Denn je standardisierter das Verfahren, desto wichtiger ist es, wenigstens eine kleine persönliche Note einzufügen. Da alle wesentlichen Daten in die Formulare eingefügt wurden, genügt es hier, noch einmal die eigene Motivation zur Bewerbung auf die bestimmte Stelle zu begründen.

Auch die Form der Dokumente, die Sie hochladen, kann Aussagen über Ihre Soft Skills treffen: Ein Anschreiben muss sehr sorgfältig formuliert werden, aber auch optisch allen normalen Bewerbungsstandards entsprechen. Hier gilt es alles zu beachten, was oben bereits beschrieben wurde: Eine korrekte Betreffzeile muss eingefügt werden, auch eigene Anschrift und die des Unternehmens müssen in jedem Fall enthalten sein! Der Text muss ordentlich formatiert werden - also als Blocksatz und mit entsprechender Schriftgröße von 12 (bzw. 11) in einer Standardschriftart.

Wichtig bei Online-Bewerbungen - wie auch bei E-Mail-Bewerbungen, ist eine ordentliche Beschriftung der

Dokumente: Alle Dokumente werden beschriftet gemäß Ihrem Inhalt - also mit „Anschreiben", Lebenslauf", „Arbeitszeugnis" etc. sollten aber nochmals Zusatzinformationen enthalten:

<u>„Arbeitszeugnis, Stelle, Datum"</u>

So stellen Sie sicher, dass die Daten auch exakt zugeordnet werden können.

SCHLUSSBEMERKUNG

Das wichtigste für eine wirklich herausragende Bewerbung ist immer noch, ein Verständnis dafür zu besitzen, was es bedeutet, für sich *und* um eine Stelle zu werben. Hierfür müssen Sie genau wissen, welche Anforderungen an einen Bewerber vonseiten eines Arbeitgebers gestellt werden. Zugleich müssen Sie Ihre eigenen Stärken und Qualitäten genau kennen, um Sie prägnant darstellen zu können.

Haben Sie also Mut, für sich zu werben - aber bleiben Sie dabei realistisch, und behalten Sie immer im Blick, dass das Unternehmen wissen will, warum es Sie auswählen sollte anstelle der zahlreichen anderen Bewerber.

Lassen Sie sich von Anforderungsprofilen und umfangreichen Listen von Qualifikationen, die ein Bewerber mitbringen sollte, nicht abschrecken. Wichtig sind die zentralen Anforderungen in Bezug auf Studienfach, Ausbildung und Umfang beruflicher Erfahrungen. Eventuelle fehlende Qualifikationen können auch in der Anlaufphase im neuen Job nachgeholt werden.

Verschicken Sie nur so viele Bewerbungen, wie Sie qualitätvoll erstellen können. Zahlreiche Bewerbungen erfolglos zu verschicken, kostet Selbstvertrauen und Energie. Aber der Grund für eine Ablehnung liegt womöglich nicht in Ihrer Person, sondern in der Form Ihrer Bewerbung.

Bedenken Sie immer, dass gerade auch die äußere Form Ihrer Bewerbung vielmehr über Sie - und viel unmittelbarer - aussagt, als jede Auflistung von Eigenschaften, die Sie im Anschreiben formulieren. Das heißt, Sie können nonverbal ein mehr oder weniger gutes Bild von sich vermitteln. Verbal müssen Sie lediglich auf besondere Erfolge verweisen, die aus Ihrem Lebenslauf nicht unmittelbar hervorgehen.

Behalten Sie immer im Auge, dass Personaler teilweise große Mengen von Bewerbungen erhalten, aus denen Sie - nicht nur, was die kreative Gestaltung Ihrer Mappe anbelangt - herausstechen können: Erleichtern Sie die Arbeit der Personaler, indem Sie so prägnant und knapp wie möglich formulieren. Nutzen Sie dabei eine Sprache, die keine Distanz schafft, sondern unmittelbaren Kontakt zum Lesenden herstellt. Denn auch dadurch können Sie ein Bild Ihrer Persönlichkeit übermitteln.

Das gilt ganz besonders innerhalb stark standardisierter Bewerbungsverfahren wie der Online-Bewerbung. Je weniger Raum Ihnen für Individualität und einen persönlichen Eindruck geboten wird, desto besser sollten Sie ihn nutzen. Im Zusammenhang mit Online-Bewerbungen ist dabei nicht weniger Sorgfalt geboten, als bei einer Standard-Papier-Bewerbung.

In jedem Fall gilt: Jede Bewerbung stellt eine neue Chance auf Ihren Traumjob dar. Nutzen Sie diese, indem Sie eine kreative und ansprechende Bewerbungsmappe erstellen!

Falls Sie nach interessanten Themen zu Beruf und Karriere Ausschau halten sollten, so finden Sie in jedem gut sortierten Buchladen oder auch bei amazon.de Bücher unter meinem Namen: „Sonja Bischoff".

Hier einige Bücher, welche Sie interessieren könnten:

➢ Das Vorstellungsgespräch souverän meistern - Die richtige Körpersprache, Stolperfallen vermeiden, Schwächen in stärken umwandeln, Auf Stressfragen gekonnt antworten

➢ Jobs & Karriere für Frauen - 10 Berufe in denen Sie mehr als 40.000 Euro im Jahr verdienen

➢ Rhetorik für Frauen leicht gemacht - Mehr Erfolg im Beruf durch simple Kleinigkeiten

➢ Frauen an die Macht - Die besten Karrieretipps für Frauen - Aufstieg in eine Führungsposition leicht gemacht

www.ingramcontent.com/pod-product-compliance
Lightning Source LLC
Chambersburg PA
CBHW051239170526
45165CB00004B/1493